"Corazón de poeta *es un libro intenso, en él el autor nos muestra que la poesía es un arma cargado de alma, de vida, un torrente de luz y de pasión. No es necesaria una gran experiencia para alcanzar versos sublimes, poemas que iluminan el mundo de sonrisas y de amor."*

—**Juan Navidad**

"Su poesía inspira una conexión con la vida, ya que en su vida habitual ha conocido los elementos positivos del presente como resultado de un tremendo pasado creándole una actitud ante la vida. Juan Carlos ama y sufre como parte de su misma esencia. La presencia del amor es un elemento importante para él y lo usa para edificar su existencia. También coincide en un ambiente común, a través de un reconocimiento triste, profundo, de su realidad."

—**Ramón Caraballo**

"Juan Carlos es un joven poeta que disfruta la sensibilidad de las personas a su alrededor haciendo de esta virtud un elemento de inspiración en su poesía. Esto es sólo posible cuando existe el manantial de amor que brota de su interior.

»Amor, cielo, mar, sol, rosas estrellas, lunas... son algunos de los elementos naturales que encuentran base en la poesía que se nos presenta en Corazón de poeta. *Es el elemento*

natural implícito que hace una recreación muy buena sobre la creación natural y la sintonía del amor como algo natural y espontáneo, así como el calor del sol y su luz que da vida e inspira su poesía.

»Hay tanto por comprender y aprender en el pensamiento sensible que entrelaza la razón y el sentimiento fuertemente unidos. Sin embargo, también está la poesía para los que una vez disfrutamos del amor en plenitud... el que luego nos dio la espalda separándose de nuestras vidas, experiencias tristes y dolorosas que evocan el consuelo en la poesía que leemos en Corazón de poeta, *esto, nos hace tener la esperanza en que nuestra voluntad anhela retomar ese sentimiento que nos impulsa a vivir.*

»La amistad y motivación al éxito también están presentes en las líneas que vamos descubriendo casi al final de este poemario. Es como el complemento de un ideal de felicidad que el joven y el ser humano desea conservar y hace permanente en la vida."
—**Rafael Adolfo Arias**

Tiene la expresión de una flor,
la voz de un pájaro
y el alma como luna llena de un mes de abril.
Tiene en sus palabras calor y frío de invierno,
su piel es dura como el árbol que azota el viento y tiene...
el corazón de poeta,
de niño grande y de hombre niño,
capaz de amar con delirio,
capaz de hundirse en la tristeza, pues tiene...
el corazón de poeta...
tiene la arrogancia del sol,
mirada cándida,
su piel de nieve se hace fuego cerca de mí,
es amigo y amante fiel de las estrellas,
camina junto a mí soñando con cosas bellas...

"Corazón de poeta"
—Janette Anne Dimech

Mis pequeñas experiencias

Poemario

Te escondes en tu propio caparazón,
tu alegría escondiendo vas,
déjame decirte quien sos,
y de tu sonrisa te sorprenderás.

2a Edición

JUAN CARLOS RECINOS

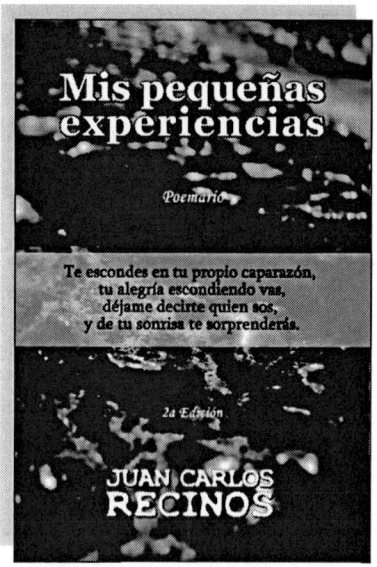

ISBN: 978-1463775971

Experiences
Experiencias

poetry / poemas

JUAN CARLOS RECINOS

ISBN: 978-1466285637

Corazón de poeta

Juan Carlos Recinos

Written **ωΩ** *Expressions*

CORAZÓN DE POETA

JUAN CARLOS RECINOS

Corazón de poeta
© 2006 por Juan Carlos Recinos

Primera edición
Libro electrónico: diciembre 2010
Libro en rústica: noviembre 2012

ISBN-13: 978-1463776039
ISBN-10: 1463776039

Written Expressions, LLC
www.store.e-written.com
P.O. Box 720412
Jackson Heights, NY 11372

**Versión digital disponible en
www.SonicerJ.com**

Todos los derechos reservados. Se prohíbe reproducir, almacenar, o transmitir parcial o totalmente esta obra en manera alguna ni por ningún medio, incluyendo el fotocopiado, sin previa autorización por escrito del autor, excepto en el caso de citas breves para críticas.

Diseño, fotografía y diagramación:

Juan Carlos Recinos
jcrecinos@sonicerj.com
www.SonicerJ.com

Impreso en Estados Unidos de América
3 5 7 9 10 8 6 4 2

A la juventud…

*y para los corazones jóvenes,
porque el cuerpo envejece,
y no el corazón.*

La luna y las estrellas alumbran mi ventana mientras pienso en los lindos momentos que pasé junto con mis amigos y compañeros, que me elogiaban después de recitarles los poemas de mi segunda obra. Siempre diciéndome que llegaría muy lejos por mi optimismo y determinación.

Está muy oscuro afuera y mi reflejo se puede ver por la ventana. Dentro de mí siento que se mueve algo grande, algo que no puedo describir, algo que me hace vibrar. Creo que es la emoción y esta felicidad que me da al compartir con ustedes lo que he escrito.

Escucho un diluvio de las voces, las risas y las emociones de mi gente. Las personas que siempre estarán ahí cuando las necesite. Las personas que siempre serán mi inspiración y el motivo de seguir adelante....

Joven, te dedico esta obra y alegría. Tenemos muchas debilidades y caemos y recaemos en vicios que cuestan dejarlos. Estos son obstáculos que muchas veces nos impiden lograr nuestros sueños. Si alguna vez has pensado que nunca podrás lograr lo que quieres, te equivocas. Pasé por lo mismo y sé lo que es sentirse descorazonado.

Si quieres triunfar y llegar a donde quieres estar, tienes que dar tu mejor y estar dispuesto a enfrentar y vencer todo tipo de obstáculo en tu camino. Si en algún momento te sientes impotente, no te des por vencido, sigue insistiendo.

En el camino a mi superación, caí muy hondo, tanto que sentí la muerte. No te miento, hasta la muerte. Siempre pensé que nadie me iba a escuchar o que nadie me entendería. Sentí que mis problemas me iban a hundir más en el vacío y que la tierra me iba a tragar entero. Lo poco que he vivido me ha enseñado muchas cosas buenas y malas, algo que utilizo como fuente de energía para progresar.

Hoy en día, como personas, tendemos a

seguir la voz de otros. Sin embargo, no siempre tienes que seguir lo que otros hagan o digan, porque eres único. Recuerda que ser genuino es lo más valioso que uno tiene; así como seguir tus propios instintos y lo que el corazón te diga, siempre viendo los dos puntos del conflicto: el bien y el mal.

Joven, no te rindas, porque si yo me atreví a cumplir una parte de mis sueños, sé que tú también puedes hacerlo. Siempre practica lo que te gusta. Si es un deporte o simplemente es la lectura, sigue haciéndolo porque aunque parezca aburrido o pienses que nunca lo necesitarás, al final resulta ser útil.

Recuerda que en esta vida nada espera a nadie. No hay futuro sin ti. Eres la inspiración y el ejemplo de los demás. Mantén consciencia de lo que haces, de lo que dices, de tus opiniones, tus ideas, y cómo manejas tu tiempo y oportunidades. No dejes nada para después porque el tiempo es oro.

Vamos, somos valientes y lo suficientemente fuertes para luchar contra todo obstáculo que se ponga en nuestro camino. Juntos podemos hacer de nuestro mundo un mundo más hermoso en el cual vivir en paz. Sé que hay violencia e injusticia, pero si tú haces un cambio positivo, muchos te seguirán.

Así que, cuento contigo.

– Juan Carlos Recinos

~ Poemas de versos libres ~

¿Soy o no soy?

¿Soy un artista?
¿Soy un poeta?
Soy un niño lleno de sueños,
ilusionado con el amor.

No soy un navegante
ni tampoco un capitán,
sólo soy un niño
que se quiere superar.

No soy un artista,
ni tampoco un pintor.
Solo escribo poesía
llena de amor.

Si pudiera

Si pudiera tocar el cielo,
no dudaría en tocar tus labios.
Si pudiera respirar en el mar,
no dudaría en vivir en ti.

Si pudiera volar,
no dudaría en ir donde ti.
Si pudiera verte,
no dudaría en besarte.

Sé que estás ausente,
y no puedo verte.
Sé que estoy lejos,
y no puedo tocarte.

Sé que no me ves,
ciego soy por tu hermosura.
Sé que me quieres,
como yo a ti.

Déjame

Déjame tocarte un momento más.
Déjame vivir a tu lado un momento más.
Déjame sentirte una vez más.
Déjame quedarme en tus sueños una noche más.
Déjame acariciar tu suave rostro una vez más.

Déjame escuchar tu dulce voz una vez más.
Déjame llegar a tu lado un día más.
Déjame que me vaya una vez más.
Déjame recordarte, como sabías ser,
una vez más.

Déjame quedarme en ti,
un minuto más...

Siento, cuando...

Siento el calor del sol,
cuando me tocas, cuando me amas.
Siento el frío del mar
cuando me dejas, cuando no te tengo.

Siento la vibración de la tierra
cuando caminas, cuando te acercas.
Siento el silencio del mundo
cuando callas, cuando estás ausente.

Siento el fuego en mi interior,
la llama de la pasión,
el querer amarte,
el miedo de olvidarte.

Siento el rocío en mis manos
cuando estás presente, cuando me besas.
Siento el asombro,
por tu ternura, por tu belleza.

Siento que la luz se apaga
cuando estás lejos de mí.
Siento que respiro tu perfume,
porque te quiero, porque te amo,
porque estás aquí.

Amándote en silencio

Tan misteriosas son
las estrellas de la ilusión.
¡Ay mujer!
Por ti es todo mi amor.

Quiero estar contigo,
pero, cuando te tengo cerca,
te siento lejos.

Quiero abrazarte y besarte,
ser tu dueño incansable,
tu sonrisa en el día
y tu calor en la noche.

Te escucho respirar a lo lejos,
y llora tu eco desesperado.
Quiero amarte, quererte y abrazarte.
Me lo impiden, eres tan hermosa
que alguien ya te conquistó.

Tu belleza

Al pie de la luna
una rosa encontré.
Con calor y fragancia,
a tus pies la entregué.

Iluminando tu rostro
viendo tu belleza.
Dulces labios,
ojos de caramelo.

Lindo cuerpo canela
reflejándose en la luna
como una tierna luz,
la luz del horizonte.

Será

¿Será esta la noche
que te tengo que ver,
mi chiquita del alma?

¿Será este el día
que te besaré,
o el día que te veré partir?

Espero que no,
te amo, y siempre
te llevo conmigo.

¿Será este el día
que dirás el adiós para siempre,
o que me amas y que
no me dejarás?

No te veo dormir
ni te escucho suspirar.
Es tan difícil aceptarlo.
Me siento impotente frente a ello.

Triste porque en verdad
yo soy el que se va.
Un nuevo rumbo me espera,
pero dejo lo que más amo.

Rosa blanca

Cuando comencé contigo,
sembré una semilla de rosa blanca.
La alimentaba con besos
y con los lindos momentos que vivíamos.

Pasaba un día y necesitaba más de ti.
Por fin en una semana retoñó.
Su planta salió iluminando con su luz de
                              principiante.
Sus raíces con envidia crecían.

Pobre planta, pasó por tormentas.
Pronto recuperaba la calma.
Respiraba el aire fresco del amanecer
y crecía con tus palabras.

Hoy aquí estoy con ella.
La corté para que no sufra más
tormentas ni desprecios de mí,
para que se seque en tus manos.

Es blanca, sé que es blanca.
¿Qué simboliza?
Muchas cosas, como la amistad.
Como tú y yo: pureza.

Corazón de poeta

No sé cuánto tiempo te dure.
Pero, te la doy con amor y cariño.
Representa lo que significó para ti.
Lo que quiero que seas para mí.

Amiga virtual

En una noche constelada
una nueva persona conocí.
Fue creciendo en mi interior
como la estrella fugaz en el cielo.

Lástima que no estaba presente.
Soñando con ella en su ausencia,
su voz me despertaba,
estimulando mis sentidos.

Nunca la conocí físicamente,
nunca la toqué, nunca la besé.
Pero su tierna voz no faltaba,
ni sus tibios halagos tampoco.

Un sentimiento tan puro y sincero
rodeaba nuestra comunicación.

Eran mágicos los días
en que su voz escuchaba.
Si estaba triste, me hacía sonreír.
Si estaba despierto, me hacía soñar.

Sin habernos visto nunca,
hoy ella vive en mí.
Es uno de los personajes principales
del libro del amor.

Corazón de poeta

Infinita y profunda es su voz.
Su llanto nunca he escuchado,
pero sí el latir de su corazón.

Querida amiga

Cuando te conocí,
tu voz rizaba mi piel,
tu voz hacía vibrar mi corazón,
aceleraba el correr de mi sangre.

Cuando te conocí,
eras una niña ingenua,
incapaz de hacer daño al mundo,
siempre amando con tu dulce corazón.

Aún sigues teniendo alma de niña,
un ser te hace mujer, madre de un bebé.
Aún brindas ese calor en mi presencia
y el frío en tu ausencia.

Niña, un ángel te acompaña,
experimentando algo nuevo,
algo que te hará feliz.
Es tu bebé en tu vientre
que canta por tu amor.

Inocente eres ante las mujeres.
Fuerte eres ante los demás.
Sigue la voz de la experiencia
que con ella triunfarás.

Entrega especial

Piel de mujer,
alma de niña,
tanto amor tienes
que pareces un ángel.

Eres la luz del cielo
eres la alegría de tus amores
y la tristeza cuando estás sola.

Indefensa eres por ti misma,
sin escape alguno.
Te escondes por un instante
y te encuentran.

Sigue el palpitar de tu corazón.
Sigue la palabra de la experiencia.
Ve hacia las puertas que se te abren
y al final, sabrás quién te habla.

Lágrima en tu pupila

Una lágrima en mi jardín.
Un rocío en mi piel.
Un tibio viento en mi interior.
Un corazón que palpita por ti.

Una mansa nube a lo lejos se ve,
gris y triste está.
Su fuente de vida la dejó,
ya quiere llorar.

Una gota de agua en mis ojos.
Una pupila en el mar.
Fuego en mi pecho.
Un carbón en el hielo,
que ya quiere gritar.

Tan lejos estás,
tan cerca te siento.
Me fui sin decirte un adiós,
ahora entiendo la lágrima,
el rocío, el viento, y el sol.
Vienen de tu fuente,
de tu triste soledad.

No me digas que no

No me digas que no en este día.
No me digas que no,
porque el sol sale por ti cada mañana.
No me digas que no si sabes que te
quiero.

No me digas que no puedes
si en verdad no lo sabes.
No me digas que no
si en verdad quieres decir que sí.

No me digas que no
con esa inseguridad que llevas,
si sabes cuánto te estimo y cuánto te
quiero.
Que siempre te llevo en mente.

No me digas que no
si sabes que la luna
y las estrellas brillan por ti.

Mi ritmo

Yo tengo un ritmo
que siempre me acompaña.
Donde quiera que yo vaya
siempre me canta y me sonríe.

Yo siento el ritmo de mi corazón.
La música me invade,
moviendo mis manos,
recordando mi cantar.

Toco el violín,
soy experto sin saber nada.
Tengo el alma del tambor
y el juicio de sentir y escuchar.

Yo tengo un ritmo
que a su remoto tiempo
lindos recuerdos me trae.

Papel

Árbol fresco en el campo,
hoja seca en mi mano,
destiñendo la tinta de mi bolígrafo,
apelmazando la letra en vano.

Se mece como un carrusel en el aire
y se extiende a su grito.

Papel, hoja de mano,
sobre ti escribo
y escribo sin detenerme.

Vuelas por los aires
sin rumbo que parar.
Mensajero eres del tiempo
y testigo del hablar.

De mano en mano vas y bienes.

Papel, eres mi amigo,
eres mi testigo
porque en ti, mi poesía nace
y el amor en palabras vierto.

¡Ay, niño!

¡Ay, niño! Te caes y te levantas.
Corriendo de tu sombra,
sonríes sin parar.

Lloras sin ninguna lágrima,
y te cantan con alegría.

¡Ay, niño!
¿Qué soñarás esta noche?
Persigues el sol como tu dios,
y la luna como mi voz.

¡Ay niño!
¿Qué travesuras harás hoy?

Huracán

El cielo se pone gris
cuando el sol se esconde
entre las montañas,
y cuando la soledad se viste de negro.

El ambiente se llena de viento seco.
Lentamente empieza a soplar,
con el tiempo empieza a matar.
¡Un tornado, un huracán!

Mil niños gritan sobre los escombros.
Grito de dolor y de tristeza,
elevando su espíritu a una nueva casa.
¡Un huracán, la muerte!

Los ojos del Sabio contemplan el desastre,
su Madre llorando por los muertos,
los ángeles consolando las almas.
¡Los humanos atemorizados van!

Las casas ya no están.
Es un ambiente contaminado,
sin aire que respirar.
¡Este es el huracán!

Pajarito mensajero

Un pajarito se posó en mi ventana.
Sin pedirle que me hablara,
me empezó a cantar.

Sorprendido fui donde él
y empecé a escuchar.
Su tono tan fino era,
formando melodía en su voz.

Siendo un pajarito mensajero,
me dijo que te fuiste al extranjero.
A pesar de la distancia
sé que te encuentras bien.

Encontrándose con su compañero,
sus pequeñas alas extendió
y empezó a volar por los cielos,
diciéndome que regresaría.

Desde ese momento me sentí feliz,
no temiendo de tu ausencia,
por el lindo mensajero
que viaja por los cuatro vientos.

Día en la playa

Una llama crece en mí,
es la aurora que nace
al sólo abrir mis ojos.

Siento la alegría de un ave,
siento el viento libre
y el aleteo por lo alto del cielo.

Parezco ser un pez,
feliz en el agua,
aleteando en un mundo sin fin.

Nace un eco en mi interior,
es tu llamado que aún no escucho.
Es la voz del olvido
que a lo lejos me escucha.

Nace el dolor,
quitándome lágrimas de mis ojos.
Si es así, no soy un pez,
ni una ave,
sólo soy quien soy
porque así nací.

En mi ventana

Me acerco a mi ventana,
una fuerte luz me acompaña.
Es la luna llena que a su distancia me
                              alumbra,
dándome su consuelo.

El canto de los grillos me adormece.
El frío viento me acaricia,
metiéndose en mi cama.

Las estrellas con sus ojos relucientes
me susurran al oído,
activando mis sentidos,
poniéndome a pensar
en el triste hecho de tu distancia.

Me llama la noche
mostrándome su vestido negro,
pinta tu imagen en gris
quitándome la alegría de tus ojos.

Disimulando el énfasis que reflejas,
debilitando el palpitar de tu corazón.

¿Dónde estarás en esta noche?
Acompáñame y borra el débil sentimiento
que esta noche me ha dado.

Abrázame y bésame.
Activa el fuego que llevo por dentro,
y déjame demostrarte mi amor.

Me acerco a mi ventana
la luna, las estrellas y la noche ya no están.
Ahora sólo es un reflejo
que se da en su vidrio seco.

Ritmo de la vida

La noche se despeja,
el sol se eleva,
la luna cae,
las estrellas queman.

Fuego ardiente en la distancia,
un eco resonante que
llama el calor del alma,
estremeciendo la infancia.

Los vientos se mecen,
se ríen a su correr.
Huyen de mi suspiro
llevándose tu nombre.

La aurora sale,
el horizonte se hunde,
la luna se ilumina,
mis ojos, estrellas del mar.

¿Qué pasaría?

¿Qué pasaría si el cielo oscureciera?
¿Qué pasaría si el mar se abre?
¿Qué pasaría si el sol no sale por las mañanas?
¿Qué pasaría si Dios decidiera venir a la Tierra?

¿Qué pasaría si la luna no existiera
o las estrellas fueran ojos del cielo?
¿Qué pasaría si tus sueños se hacen realidad?
¿Qué pasaría si tu fe creciera?

¿Qué pasaría si hoy no sueñas?
¿Qué pasaría si tu corazón dejara de palpitar?
¿Si tus pulmones dejaran de funcionar?
¿Qué pasaría si tú no vivieras?

¿Sería todo igual que hoy?
¿Sería el mismo amanecer?
¿Sería la misma noche?
¿Sería el mismo día?
¿Sería el mismo aire que respiramos,
o simplemente sería una ilusión que nos rodea?

...estos son mis miedos.

Amanecer

Despierta juventud, despierta.
Nosotros somos nosotros,
somos la vida,
la nueva esperanza e inspiración.

Haz el bien en tus acciones
y cambiarás algo muy especial en la vida.
No seamos un nuevo desprecio.
Somos el futuro.

Despierta que en ti está la fe,
el día, el aire, el sol.
Despierta que para ti, el cielo se despeja,
y el agua del mar es dulce.

Despierta que para ti el sol brilla,
la luna nos alumbra,
y las estrellas nos cantan.
Tú eres el futuro.

Despierta juventud... despierta.

Te defraudé

Sé que algún día te defraudé.
Tantas palabras no caben en mi corazón.

Sé que algún día te hice llorar.
Mil lágrimas vi caer,
se fueron perdiendo en el mar.
Nunca las encontré,
sólo una rosa roja
con tu gota de furor.

Alguna vez te defraudé,
tantas palabras no caben en mi corazón,
pero sí, un perdón.

Maestro

Maestro, manejas tu lenguaje
en números y palabras.
Compartes tu amor
dándonos tareas y exámenes.

Compartes tu tiempo en el tablero,
explicando el camino de la vida.
Te paras frente de nosotros,
sin temer, con ganas de enseñar.

Muchos te juzgan
por ser difícil, por ser malo.
No eres tú, es uno mismo
que pone barreras al estudiar.

¡Oh, maestro! Tanto te agradezco.
Hoy por ti me gradúo,
mañana por mí sonreirás,
y por mis hechos te sorprenderás.

Dedicas tu tiempo.
Lo haces con tanta delicadeza
que de ti puedo aprender.
¡Gracias maestro!

Mi triunfo

Sentado en la montaña del éxito,
recordando quien sabía ser.
Llorando por los desagradables momentos,
hoy soy la luz que ilumina mi alrededor.

Tengo consciente cada recuerdo,
el hecho de mi tristeza,
secando mis ojos humedecidos.
Hoy estoy aquí, recobrando mis sentidos.

Amargas fueron mis horas,
horribles mis días.
Mis meses y años,
no creo que quieras saber.

Último día de escuela

Aquí estoy
pasando los últimos días de escuela,
recordando cada paso que di en ella,
recogiendo el sonido y mis huellas
que en cada rincón y pared tatué.

Camino por los pasillos,
recuerdo el diluvio fresco
que a lo lejos sabía escuchar,
cuando la escuela estaba llena.

Mil recuerdos dejo,
mil lágrimas secretas quedan,
mil amores en el aire.
Mi esfuerzo, mi meta cumplida.

Experiencias nuevas busco,
lástima que dejo las viejas.
Mil amigos dejo, mil maestros llevo,
una sola lágrima en mi interior.

La emoción no me detiene,
mis ojos lloran sin querer,
enrojecidos están ya.

Adiós escuela, adiós amigos,

adiós maestros, adiós a todos.
Me voy, me voy pero no para siempre.
Sé que me recordarán
    y que me tendrán en sus corazones.

Mi cumpleaños

Los llantos me aplauden.
Las risas me cosquillean.
Las lágrimas me apagan.
Mi persona me sorprende.

Vestido como profesional,
caminando alrededor de mis amigos.
Siempre con la pregunta:
¿por qué vistes así?

Es el día que mi primer llanto se escuchó.
Cuando mi destino empezó a correr.

La música se apaga,
el viento se detiene,
el fuego del mar se enciende,
mi cuerpo envejece.

Es el día que nací.
Es el día de mi cumpleaños.
Es el cinco de mayo.
Es el día que comencé a vivir.

~ Versos ~

I

Si fueras Tú, ¿quién sería yo?
Si yo fuera, ¿quién serías Tú?
Tú eres quien alumbró mi oscuridad,
yo soy el que obedeció tu llamado.
Si fuera tan fácil recordar el pasado,
fuera difícil pensar en el futuro,
pero sé que contigo sé pensar
más allá del presente.
Porque Tú, mi Dios, eres mi Salvador.

II

Nena, yo deseo un beso en la boca.
Dámelo ya, no te hagas más la loca.
Yo sé que lo deseas también
porque me provocas.
Pero eres tan pretenciosa
porque no lo quieres si es que no es una rosa.
Yo sé que eres muy hermosa
así que dame ya un beso en la boca.

III

Mi alma te llama y no respondes,
dónde estarás que no te encuentro.
Tal vez dirás que me olvidé de ti.
No lo digas, no es cierto.

IV

Hoy día lloré por ti,
te sentí tan lejos
que no sabía qué hacer.
Me puse a suspirar
y mi llanto paró
al saber que tú estás aquí.

V

Hoy siento mis labios resecos.
Ven y mójamelos con tu amor.
Déjame sentir la dulzura
que llevas en los tuyos,
y no me dejes con el deseo
de probar tus besos.

VI

Qué lindo es levantarse a media noche,
ver hacia el cielo,
mirar las estrellas
y la luna llena.
Sentir ese viento fresco que te cosquillea.
Y ver todas las cosas más bellas.

VII

¿Por qué la noche tiene que ser tan fría?
Estoy solo sin alguien que me abrace
y me cobije con su calor.

Qué castigo es no tenerte conmigo,
no poder tocarte,
no poder besarte.
Muero por esa fantasía.
¡Ven conmigo que tengo deseos de amarte!

VIII

Quiero ser un pintor
como Pablo Picasso
para ser famoso
y que sigan mis pasos.
Para dejar que mis fantasías vuelen
y poder pintar mis emociones.

IX

Quiero *ser* el mundo
cuando en él vivo.
Para ver lo profundo
de los seres vivos.

X

Quiero ahogarme en tus ojos,
atarme a tu corazón,
y morir en tu boca.

XI

Toma la última palabra de mi boca,
-te amo-
dile hola al olvido
que esto ya terminó.
Te agradezco tu breve amistad,
que me dio un momento de felicidad.

XII

Te vas sin decirme adiós.
Niña ingrata que me dejas
con este dolor.
Sabiendo que te amo
te vas sin decirme adiós.

XIII

Me gusta tu silencio
porque no sé lo que dices.
Me invento tus palabras
que aún no sé si existen.

XIV

La vida se repite a cada minuto
y no hay nadie que la detenga.
A cada segundo nos da una prueba
y una experiencia que desarrollar.
Siempre llena de misterios.
Todos cometemos errores.
La vida nos abre las puertas del destino,
hay que saberla manejar.

XV

Fuego de amor infante,
eres tan sincero como inocente.
Escribes tus versos en forma de juego,
y sueñas besos que no se dan.

XVI

Con o sin experiencia
todo esto lo he creado.
Si escuchas mi voz,
es porque estás enamorado.

Muchas gracias

    por ser parte

        de mi mundo literario

            y por contribuir

        a un sueño

hecho realidad.

CPSIA information can be obtained
at www.ICGtesting.com
Printed in the USA
FSOW01n1602160118
43416FS